Het is echt gebeurd...

Het levensverhaal van Wim Abas

Door Joanne Nihom

Copyright © 2014 Joanne Nihom, Israël

Alle rechten voorbehouden.

ISBN 978-965-7542-31-6

Eindredactie: Lea van Coeverden

Productie: Jo&Co in samenwerking met Tsur Tsina Publications

Vormgeving: Petra van der Zande

Foto's: Wim Abas en internet

Contact email: jocoteksten@gmail.com

Te bestellen via website www.lulu.com of door te schrijven naar email: jocoteksten@gmail.com

 **Een *Tsur Tsina* Productie**

> **Mijn verhaal draag ik op aan mijn familie;**
> **zij die vermoord zijn en zij die nog leven.**
> **זיכרונם לברכה**

Omdat het grootste gedeelte van mijn familie is omgekomen in de hel van de concentratiekampen zijn de familiefoto's uit die periode nooit leuk. Vandaag kan ik me mijn ooms en tantes en nichtjes niet goed herinneren. Toch horen ze bij mij en bij mijn verhaal.

Oma Hendrika, tante Hendrika (zuster van opa Abas), oom Joop en tante Roza, en hun dochters, Rita en Marja, oom Ies en tante Beppie en hun dochtertje Hennie; tante Sudy (Jehudith) en haar dochtertje Avigail Sonja.

זיכרונם לברכה

Dank aan:

Annie, mijn vrouw,

die er altijd voor mij was en is.

Dank aan:

Mirjam Kan,

mijn psychotherapeute,

die me geholpen heeft mijn weg te vinden.

INHOUD

Inleiding	6
Toelichting	7
Mijn jeugd tot de oorlog	9
Kattenkwaad, losse herinneringen vanaf 1940	11
Kees de bok, mijn goede vriend	15
Tante Fietje en ome Bram	16
Wat vooraf ging aan mijn onderduik	18
Mijn onderduik	21
Bevrijding in Rotterdam	24
Na de bevrijding	25
Ziek	28
Annie	34
Ouders	35
Israël	36
De zoektocht naar mijn onderduikfamilie	38
Yad Vashem	43
Mijn zusje Anja	46
Naschrift Mirjam Kan	50
Epiloog	55
Tweede epiloog	55

Inleiding

De verhalen in dit boek zijn mijn herinneringen uit de Sjoa, precieze data weet ik niet. Als vijfjarige jongen begrijp je nog niet zoveel van de tijd. Tot ik psychotherapie kreeg onder leiding van Mirjam Kan van Elah was ik mij er niet van bewust dat veel van de problemen in mijn latere leven terug te brengen zijn naar die oorlogsjaren.

Behalve dat ik niet begreep wat oorlog nou eigenlijk was, begreep ik ook niet wat er allemaal gebeurde in die tijd. Voor mij voelde de oorlog als een straf. Op een dag werd ik door mijn ouders naar mensen gestuurd die ik niet kende en daar moest ik blijven. In de periode dat ik daar was lieten mijn ouders nooit iets van zich horen. Het was net alsof ze niet bestonden. Toen ik eindelijk gewend was aan mijn nieuwe 'thuis', stond op een dag mijn vader voor de deur. Mij werd gezegd dat de oorlog voorbij was. Ik mocht weer naar huis. Toen was het voor mij weer wennen aan mijn ouderlijk huis. En, dat was nog het gekste, niemand sprak over wat er was gebeurd, alsof ik niet weg was geweest. Ik kon me vaag ooms en tantes herinneren die op bezoek kwamen, dat was voordat ik werd weggestuurd, maar toen ik terugkwam was het net alsof ze niet meer bestonden. Vaak dacht ik dat ik het me allemaal had verbeeld.

Zelf sprak ik ook nooit over waar ik was geweest. Het leek alsof dat zo hoorde. Het voelde als een stilte die in mijn hoofd helemaal geen stilte was. De jaren gingen voorbij en wat er gebeurd was, werden losse herinneringen. Ik wist niet meer wat waar was of fantasie. Was ik ondergedoken? Of had ik het mij allemaal verbeeld? Ik wist het niet meer en dat maakte me onzeker.

Wat ik me kon herinneren, of althans wat ik dacht dat ik me kon herinneren, was dat ik als achtjarig jongetje ergens in de Achterhoek, in Aalten of Winterswijk, was ondergedoken.

Ook dat ik de mensen waar ik ineens woonde moeilijk kon verstaan. Ik was slechthorend, dat ben ik nog, en had toen geen gehoorapparaat. Liplezen kon ik als de beste. Maar dat hielp niet, de mensen spraken voor mij een volstrekt vreemde taal. De vage herinneringen kwamen toen ik ouder werd steeds terug. Ze beangstigden me. Ik was ongeduldig en snel boos. Ik begreep dat dit zo niet door kon gaan en dat ik er iets aan moest doen, iets dat me zelfvertrouwen zou geven. Waardoor ik in staat zou zijn om deze schemertoestand te verhelderen en om te leren onderscheiden wat wel, en wat niet echt was geweest. Ik koos voor psychotherapie. Mirjam, mijn therapeute, hielp me te vinden wat er was gebeurd, waardoor ik kon beginnen die hele periode uit mijn jeugd te verwerken.

Tot vandaag doet het me pijn dat mijn kinderen en kleinkinderen jaren hebben geleden onder mijn gedrag. Dankzij de psychotherapie kan ik mijn verhaal nu op papier zetten. Zodat mijn kinderen en mijn kleinkinderen begrijpen wat er toen gebeurd is. Opdat het verhaal van onze familie nooit wordt vergeten.

Wim Abas
Israël, 2014

Toelichting

Op verzoek van Wim heb ik zijn verhaal herschreven. Omdat het het verhaal is van een verward jongetje dat niet meer wist of zijn herinneringen wel of niet klopten, heb ik er voor gekozen om zijn tekst zo origineel mogelijk te laten. Daardoor kan het zijn dat hier en daar de tijd niet klopt of de volgorde van verhalen niet logisch is. Het verhaal van Wim laat zien wat oorlog met een kind kan doen. Een waardevol, nog steeds zeer actueel document, een les voor de komende generaties. Met oorlog bereik je niets.

Joanne Nihom
Israël, 2014

Trouwfoto van mijn ouders

Op driejarige leeftijd

Eerste dag op school, 1940

Mijn jeugd tot de oorlog

Op 31 augustus 1935 ben ik geboren in Rotterdam, in de Gerrit van de Lindestraat. Mijn ouders hadden vier kinderen. Mijn oudste broer Jacob is op 3 juni 1929 geboren. Joop, de jongste, op 26 mei 1941 en mijn zusje Anja op 22 november 1930. Zij is op haar achtste overleden aan een hartaanval.

De eerste jaren van mijn leven waren net zoals die van andere kinderen van die leeftijd. Samen met vriendjes haalde ik kattenkwaad uit. Ik ben als horend jongetje geboren. Maar na een middenoorontsteking en roodvonk ben ik al jong slechthorend geworden en dat is nooit overgegaan. Hierdoor was het niet altijd makkelijk aansluiting te vinden bij leeftijdgenootjes. Ze vonden me al snel raar. Al jong had ik door dat het belangrijk was dat ik me aansloot bij leeftijdgenoten en vooral meedeed met alle stoute dingen. Dan hoorde ik er tenminste bij.

Op deze foto ben ik vier jaar

Mijn jeugd was vrij onbezorgd. Maar met het naderen van de oorlog veranderde alles. Ook al begreep ik het niet echt, ik voelde dat er iets was. Sommige vriendjes wilden plotseling niet meer met me spelen. Het verwarde me. Ik dacht dat het was omdat ik slecht hoorde. Ook mocht ik van mijn ouders minder op straat spelen. Dat maakte me boos. Urenlang zat ik voor het raam naar buiten te kijken. In het begin van de oorlog ging ik naar een school voor slechthorende kinderen. Tot mijn moeder me op een dag vertelde dat we niet meer naar school mochten. Ik begreep niet waarom dat was en zij legde het ook niet uit. Het leren ging wel door, thuis, met een Joodse juf van de school. Samen met nog een Joods meisje uit de klas. Op een dag stopte dat ook. Pas veel later hoorde ik dat de juf was opgepakt, ik heb haar nooit meer teruggezien, ook het meisje niet.

In 1941 mocht ik af en toe weer buiten spelen. Ik moest wel om vijf uur naar binnen en mocht dan het huis niet meer uit. Om de avond niet te lang te maken werd ik rond zeven uur naar bed gestuurd. Mijn moeder zei altijd: "Als je een grote jongen wilt worden dan moet je veel slapen en dus vroeg naar bed". Het hielp niets als ik daar tegenin ging. Maar het heeft mijn groei wel geholpen want ik ben 1.85m lang geworden.

Rotterdam, de Coolsingel, ca. 1935

Kattenkwaad
Losse herinneringen vanaf 1940

In het begin van de oorlog zag je overal in de stad Duitse soldaten rondzwerven. Vaak gaven ze kinderen op straat snoepjes. Mijn vader vertrouwde de soldaten niet. Hij zei me dat als ik ook maar iets van ze zou aannemen hij mijn beide benen zou breken. Op een dag ging het bijna mis. Op de Provenierssingel was een school waar de Duitse soldaten ingekwartierd waren.

Toen ik daar eens langs liep, gooide net op dat moment een soldaat een papieren gulden uit het raam naar beneden. De gulden was bestemd voor een soldaat die daar liep, maar het biljet viel precies voor mijn voeten. Ik raapte het op en wilde  het aan de soldaat geven. Maar die maakte een beweging dat de gulden voor mij was. Wat nu? Die gulden houden was een gevaarlijke zaak. Mijn vader had me zo gewaarschuwd dat ik niets mocht aannemen van soldaten. Maar die gulden weggooien was wel heel zonde. Ik bedacht een creatieve oplossing. Ik rende naar de markt op het Noordplein en wisselde bij een van de marktkoopmannen mijn gulden in voor vier kwartjes. Nu had ik vier muntjes die ik van een Hollander had gekregen. Geen reden voor mijn vader om boos te worden.

Op 26 mei 1941 werd mijn jongste broertje Joop geboren. Toen ik dat hoorde ging ik naar de kamer waar moeder lag met mijn nieuwe broertje. Wat me verbaasde was dat hij er gewoon uitzag. Ik was er aan gewend dat alles dat echt leek niet echt was. Dat noemden mijn ouders 'surrogaat'. Koffie was geen koffie, thee was geen thee en dus dacht ik dat mijn broertje ook niet echt een broertje was. Wat was ik blij dat hij 'echt' was!

Om de spanning in het buitenspelen er in te houden hadden mijn vriendjes en ik een 'leuk' spelletje bedacht: steentjes schieten met een katapult. Het spannendste was om ze richting de helmen van Duitse soldaten te schieten. Dat dat gevaarlijk was, hadden we niet door. Tot een van mijn vriendjes een steentje precies onder de helm van een soldaat schoot. De man was woedend en kwam onmiddellijk op ons af. We renden weg en hij kwam ons achterna. Gelukkig gaf hij het al snel op. Maar de schrik zat er bij ons goed in, we hebben dit spelletje nooit meer durven spelen.

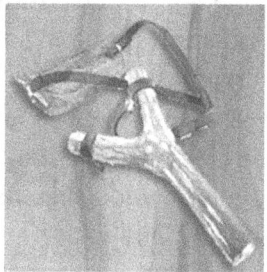

Eén van de jongens ontdekte dat op het Noordplein een straatlantaarn onder lage stroom stond. Wanneer je die lantaarn aanraakte dan voelde je een heel klein schokje. Ons spel was om een lange rij te maken en elkaar allemaal een hand te geven. Als je de voorste de lantaarn aanraakte, ging de schok door de hele rij. De laatste in de rij werd de 'flikker' genoemd. Hij wist van niets en schrok zich suf als hij de schok kreeg. Het was geen leuk spel, maar ik wilde er 'bijhoren' en deed dus mee.

In die dagen was er op het Noordplein, in een paardenstal, een 'bioscoop' voor de kinderen uit de omgeving. Het gaf ons wat te doen en zo zwierven we niet steeds op straat. Op een dag bleek dat alle kinderen die die dag in de bioscoop waren geweest difterie hadden. Door de

Rotterdam, Noordplein met Noorderbrug

Gemeentelijke Gezondheids Dienst werden we allemaal onderzocht. Wat bleek? Ik was de bacillendrager. Ik moest thuisblijven, terwijl ik me helemaal niet ziek voelde. Wat was ik boos!

Ons groepje had ergens oude 35mm-films gevonden. We ontdekten dat als je ze in een leeg luciferdoosje propte en aanstak en daarna de vlam direct uitblies, ze een enorme hoeveel rook verspreidden. Het spelletje was om zo'n doosje door de brievenbus van een huis te gooien. Dan drukten we op de deurbel en renden hard weg.

We hadden ook iets gevonden om het geluid van schieten na te doen. We legden een rij lucifers op de rails van de tram en wachtten dan tot de tram kwam. Het geluid dat je dan hoorde was 'tikketikketikke'. In onze fantasie leek dat op het schieten van een revolver.

Een ander spelletje was om een portefeuille die we vast hadden gemaakt aan een draad op straat te leggen. Die draad zag niemand, want die verborgen we tussen bladeren die we vonden. Als iemand die portefeuille wilde pakken, dan trokken we snel aan die draad en was de portefeuille weg. De meeste mensen moesten er gelukkig om lachen.

In die jaren was er niet veel te eten. Daar had ik iets op gevonden. Gekleed in vuile kleren ging ik naast de poffertjeskraam in de Zomerhofstraat staan. Dat werkte goed. Mensen vonden me zielig en vaak werd ik uitgenodigd mee te eten. Dan at ik mijn buikje vol zodat ik er weer even tegen kon. Ik heb dit nooit aan moeder durven vertellen. Ik was bang dat ze boos zou worden. Ik was altijd een beetje bang voor moeder want ze had ogen die dwars door mij heen leken te kijken. En als ze boos was, dan was ze zo boos dat je het ver weg nog kon horen, zelfs als je slechthorend was.

Door mijn slechthorendheid was ik verplicht een band te dragen waar met grote letters 'SH' (slechthorend) op stond. Toen ik eens over de Noorderbrug, richting brouwerij liep, schreeuwde een Duitse soldaat dat iedereen moest stoppen. Omdat ik de andere kant opliep, zag ik de soldaat niet. En door mijn doofheid hoorde ik 'm ook niet. Iedereen stopte, alleen ik liep door, ik was me van niets bewust. Plots voelde het alsof iemand met een mes in mijn oorlel sneed. Op datzelfde moment werd ik door een mevrouw tegen de grond gegooid. Wat was er gebeurd: omdat ik doorliep had de soldaat op mij geschoten. Die kogel had mijn oorlelletje geraakt. Het bloedde enorm. Die mevrouw realiseerde zich dat ik niets hoorde en had me gered. Ik was erg geschrokken. Toen mijn moeder het verhaal hoorde schrok ze ook en weer mocht ik een hele tijd de straat niet op.

Noorderbrug, richting Heineken brouwerij

Kees de bok, mijn goede vriend

In het begin van de oorlog kreeg ik van mijn vader een bokkenwagen met een echte bok. Kees, zo noemde ik hem, had een sik en twee horens. We waren goede vriendjes. Ik gaf hem voer en hij trok de wagen. Mijn vader zei: "In de winter halen we de wielen van de wagen, dan heb je een bokkenslee". De bokkenwagen zorgde ervoor dat ik heel populair was bij de kinderen in de buurt. Iedereen wilde wel een ritje maken. Maar er was maar plaats voor één vriendje per keer. Dus brave Kees en ik reden op en neer, urenlang. Achter ons huis was een grote tuin met een schuur. Daar sliep Kees 's nachts, soms sliep ik daar ook. Ik had in de schuur nog een vriend, een hele grote spin met een kruis op zijn rug. Iedere dag ving ik vliegen en gaf die aan de spin te eten.
Kees leek altijd honger te hebben. Wat ik hem ook bracht, alles vrat hij op. In de grasvelden bij ons huis plukte ik urenlang gras, soms gaf mijn moeder me groenteafval. Toen de winter kwam en het ging sneeuwen haalde mijn vader, zoals beloofd, de wielen van de wagen. Hij zette er ijzers onder. Dat was een feest. Wat was ik weer populair, iedereen wilde op de slee. Soms maakte ik er een handeltje van. Dan vroeg ik droppoeder in ruil voor een ritje.
Toen ik eens naar de schuur ging om Kees en de spin eten te geven, was Kees tot mijn grote schrik weg. Ik zocht overal maar kon hem niet vinden. Ook had niemand hem gezien. Wat was ik verdrietig. Zou Kees zijn weggelopen? Ik begreep er niets van. Die avond kregen we voor het avondeten aardappelen en vlees. Dat was toen heel bijzonder. In die tijd heerste er hongersnood, vooral vlees was moeilijk te krijgen. Na het eten, ik weet niet meer hoe, kwam ik er achter dat we Kees hadden gegeten. Wat was ik boos op mijn vader! Hoe had hij zoiets kunnen doen? Dagenlang heb ik gehuild in de schuur. Nooit van mijn leven heb ik meer geitenvlees gegeten.

Tante Fietje en ome Bram

Tante Fietje was de jongste zuster van oma Abas, ze was de moeder van mijn vader en getrouwd met Abraham Meijboom. Iedereen noemde hem ome Bram. Ze hadden geen kinderen en ik was hun 'neefje-zoontje'. Ik ging vaak bij ze langs want ik mocht ze heel graag. Ome Bram was een goede verteller.

Vooral zijn verhalen over Popeye vond ik heel spannend. Op een dag zei mijn oom dat hij mij het huis van Popeye zou laten zien. Na al zijn verhalen was ik daar wel benieuwd naar.

We namen de trein naar Leiden, naar het 'zogenaamde' huis van Popeye, maar dat was natuurlijk helemaal zijn huis niet. Dat had mijn oom verzonnen. Wat was ik teleurgesteld dat ik wel het huis zag, maar Popeye zelf daar niet was.

Een andere keer vertelde ome Bram dat Popeye me een klein olifantje zou sturen. Dat was spannend. Maar het olifantje kwam niet, hoe vaak ik er ook naar vroeg. Tot op een dag mijn oom verdrietig vertelde dat het olifantje op weg naar mij toe was uitgegleden op het ijs en zijn pootjes had gebroken. Mijn oom vertelde dat heel bedroefd en deed alsof hij huilde en ik huilde van verdriet mee.

Ome Bram vertelde over bosgeesten en over bomen die 's nachts met elkaar spraken. Ook over kinderen die in de bossen speelden. Als ze niet bang waren voor de bomen, waren de bomen heel lief voor ze.

Als ze moe waren lieten ze hun bladeren vallen en dan konden de kinderen daarop uitrusten. Ome Bram zei altijd: "Wimmetje, als jij niet bang bent voor bomen, dan kan niemand je bang maken". Ik genoot van zijn verhalen. Terwijl hij vertelde, zorgde zijn vrouw, tante Fietje, voor koekjes en limonade. De bezoeken aan hen waren altijd een feest.
Toen de oorlog uitbrak kwam daar een abrupt einde aan. Tijdens het grote bombardement van Rotterdam werd hun huis getroffen door een bom. Mijn tante was op slag dood. Ome Bram overleefde het, hij had alleen een gebroken enkel. Wonder boven wonder had oma Abas, die die nacht toevallig bij hen logeerde, helemaal niets. Niet lang daarna werden ome Bram en zijn schoonzuster gedeporteerd naar Auschwitz. Ik heb ze nooit meer teruggezien.

Rotterdam na het bombardement

Wat er vooraf ging aan mijn onderduik

Pas na de oorlog heb ik gehoord dat mijn ouders beiden bij de ondergrondse in het verzet werkzaam waren. Mijn vader hielp met stempelvervalsingen op officiële papieren, zoals bijvoorbeeld van de Gemeentelijke Gezondheids Dienst. Het was bekend dat de Duitsers erg bang waren voor besmettelijke ziektes. Zo kwam het dat op onze huisdeur een officieel uitziende brief hing waarop stond 'besmet met roodvonk'. Bij razzia's gingen de soldaten ons huis dan ook voorbij. Het bleef een risico, want je wist nooit zeker of de Duitsers wel of niet zouden doorlopen. In een hoek van de kelder, onder ons huis, verzamelde mijn vader oude fietsen en allerlei andere rommel. Tenminste, dat leek zo. Achter die troep was een hok met een deur waar vader zich kon verbergen als de Duitsers zouden binnenstormen. Van buiten kon je die deur niet zien. Wat ik me kan herinneren is dat het hok precies onder de keuken van ons huis was.

Ome Nathan was de boezemvriend van vader. Hij was veel bij ons thuis. Toen oom Nathan eens bij ons was, ging het bijna mis. Schreeuwende Duitse soldaten ramden op onze huisdeur en ze riepen mijn vaders naam. Zelfs ik, met mijn slechte gehoor, herinner me het geschreeuw. Mijn vader en oom Nathan verdwenen direct naar het hok. Een van de soldaten, die samen met een Duitser in een zwarte regenjas, onze keuken binnenstormde op zoek naar mijn vader, schoot 'zomaar' een kogel door de houten vloer. Precies op de plek waar het 'het hok' was. Moeder schrok vreselijk, maar dat mocht ze niet laten merken, want dan zouden die soldaten door hebben dat er wat aan de hand was. De 'heren' vonden niets en verdwenen. En de kogel? Die vonden we later in de rommel terug.

Maar toch ging het fout. Ons huis werd, waarschijnlijk vanwege het verzetswerk, steeds in de gaten gehouden. Zo stormden op een dag de Duitsers weer binnen. Mijn vader was thuis en het lukte hem niet op tijd naar de schuilplaats te komen. Hij werd gepakt. Ik zag dat ze hem, met iets dat op een riem leek, sloegen. Hij werd meegenomen naar het politiebureau aan het Haagseveer waar hij werd opgesloten.

Politiepaleis Haagseveer, ca. 1930

Hij moest ze informatie geven over de ondergrondse en ook over zijn broer Ies en andere familieleden. Als hij dat niet zou doen, dreigden ze hem naar 'werkkampen' te sturen. Ook moeder moest naar het politiebureau komen. Haar werd gezegd dat ze een koffer met kleding, beddengoed en toiletspullen voor vader moest brengen, om mee te nemen naar het werkkamp. Mijn moeder was in alle staten. Maar, wonder boven wonder, na een paar weken - ik weet niet precies hoeveel - werd vader vrijgelaten. Wat er verder is gebeurd weet ik niet omdat ik toen al was ondergedoken.

Mijn moeder is Joods geworden, maar voor de Duitsers maakte dat geen verschil. Hun 'Ariër wetten' beslisten dat je alleen met vier niet-Joodse grootouders geen Jood was. Haar 'misdaad' : getrouwd met een Jood. Moeder was verloskundige en daarom had ze een speciale vergunning, een soort embleem op haar fiets, om zich dag en nacht op straat te kunnen begeven. Veel vrouwen bevielen in die tijd thuis en moeder was dus vaak onderweg. Omdat ze zich redelijk makkelijk op straat kon begeven, kreeg ze van de ondergrondse vaak allerlei dingen mee om her en der af te leveren.

Ze verstopte dat in haar werktas, tussen de instrumenten en de geneesmiddelen. Maar omdat vader was opgepakt zat de angst er bij mijn ouders goed in. Ze besloten om geen enkel risico te nemen en hun kinderen te laten onderduiken. Joop, mijn jongste broer, werd ondergebracht in Vlaardingen bij de zus van mijn moeder. Jacob, mijn oudste broer, deed af en toe werk voor de ondergrondse en hij was, uit voorzorg, toen al lang ondergedoken maar ik weet niet waar.

Vroedvrouwentas met materiaal voor het verzet

Mijn onderduik

En ik? Op een dag kwam er een vrouw thuis bij ons langs. Op de fiets. Moeder zei tegen me: "Wimmetje, je gaat nu met deze 'tante' mee. Hier is je koffer met kleding (die had ze in de haast blijkbaar ingepakt). Als jullie wegfietsen, mag je niet meer omkijken en je mag vooral niet huilen". Ook zei ze nog dat ik, als er mensen in de buurt zouden zijn die ik niet kende, nooit mijn broek naar beneden mocht doen. Anders zouden ze mijn pikkie zien (als besneden jochie zou ik mijzelf dan verraden, maar dat begreep ik toen natuurlijk niet). Nadrukkelijk moest ik beloven dit goed te onthouden. Daar ging ik. Ik begreep er niets van. Mee met een tante die ik nog nooit had gezien. Ik was in de war en doodsbang, maar durfde niets te vragen of te zeggen.

Ik was toch al helemaal in de war. Mensen die ik heel lief vond, zoals mijn oma, mijn ooms en tantes en nichtjes - ik had geen neefjes - kwamen vaak bij ons op bezoek. Maar plotseling kwamen ze niet meer. Zo ook Marja, een nichtje waar ik heel veel van hield. We waren even oud. 'Het nichtje met het brilletje', zo noemde ik haar. Ik begreep het niet en ik voelde me zo verdrietig. Het voelde steeds alsof ik iets stouts had gedaan en daarvoor straf kreeg. Het maakte me overstuur. Niemand vertelde me ook ooit iets. Toen die 'tante' mij kwam halen begreep ik er helemaal niets meer van. Ik dacht dat mijn ouders boos op me waren en dat ze me niet meer wilden. Na een tijdje met 'tante' op de fiets te hebben gereden, stopte er een auto naast ons. Ik werd daar in gezet. Die 'tante' heb ik nooit meer gezien. Omdat ik in shock was herinner ik me verder niets meer van deze reis. Ik weet alleen dat ik in een groot huis kwam met een grote tuin.

Boer Willem en zijn vrouw Dina

Boer Willem

Later begreep ik dat dat een boerderij was. De mensen die daar woonden kon ik niet verstaan. Daarom was het erg moeilijk om contact met elkaar te krijgen. Overdag en 's nachts plaste ik in mijn broek, zo bang en eenzaam was ik.
Ik sliep in een bedstee, een slaapkast in de muur. Doodeng vond ik dat. Als ik er lag werd het gordijn dichtgedaan en dan was het zo donker. Er lag nog een jongetje, maar ik kan me daar verder niets over herinneren.
Ik mocht niet naar school, dat was te gevaarlijk. Ik speelde wel buiten, maar moest altijd dicht bij het huis blijven. Langzaam maar zeker leerde ik mijn 'pleegouders' begrijpen. Ik ging me zelfs heel prettig bij ze voelen. Steeds minder dacht ik aan mijn 'echte ouders'.

Het lange jongetje ben ik

En toen veranderde weer alles. De bevrijding kwam. Niet dat ik het woord bevrijding begreep. Ik hoorde alleen dat iedereen dat woord gebruikte. Hoe, en wanneer, weet ik niet meer. Maar op een dag stond mijn vader in de boerderij. Wat was ik verbaasd hem te zien. Hij zei dat hij me kwam halen, dat we naar huis gingen. Maar dat wilde ik niet. Ik voel me prettig bij mijn onderduikouders. Ik was ook bang om over straat te gaan, dat was ik niet meer gewend. Ook zag mijn vader er heel anders uit dan de laatste keer dat ik hem zag. Hij was mager en keek heel verdrietig. Toch besloot ik, misschien vond ik het zielig voor hem, mee te gaan. Mijn vader had een chauffeur bij zich. Ik werd achter in de auto gezet, mijn vader ging naast de chauffeur zitten en tussen hen en mij was een glazen wand. Het was een lange reis terug naar huis. Ik voelde me alleen en zat een beetje te huilen. Wat was het ingewikkeld allemaal. Ik vond het fijn om naar mijn moeder te gaan en naar mijn broertjes, maar ik was ook verdrietig. De boerderij was mijn 'huis'.

De boerderij waarin ik ondergedoken zat

Toen we in Rotterdam aankwamen en ik ons huis herkende, voelde ik me blij maar ook niet blij. Mijn moeder stond in de deur. Weer was daar dat blije en niet-blije gevoel. Ik was zo bang dat mijn ouders me weer weg zouden sturen. Thuis voelde ik me als een vreemde. Ik voelde me heel eenzaam. Ook al was ik dat eigenlijk niet, want mijn broers waren ook thuis. Maar het lukte me niet om me weer opnieuw aan te passen. Dat was gewoon te veel. Nog steeds, tot vandaag, als ik denk aan het weerzien met mijn ouders, krijg ik hoofdpijn en moet ik een pijnstiller nemen.

Bevrijding in Rotterdam

Ik heb een aantal herinneringen aan Rotterdam uit die tijd die niet helemaal te plaatsen zijn. Het zou kunnen dat mijn vader me nog voor de bevrijding van Rotterdam heeft opgehaald, wat echter niet logisch lijkt. Toch kan ik me de vliegtuigen boven Rotterdam herinneren en  dat we plotseling pakketten uit die vliegtuigen naar beneden zagen komen...... we renden ernaar toe. Het waren voedselpakketten. Het was de eerste keer dat ik brood zo wit als sneeuw zag, met een heerlijke smaak. Het was niet het donkerbruine brood met die vreselijke zure smaak, zoals ik op de boerderij te eten kreeg. Ook gaf iemand mij een handje vol olienoten, die allemaal in een doosje zaten. Ik dacht dat die nootjes allemaal apart in een doosje waren gedaan. Pas later begreep ik dat het geen doosjes waren, maar schilletjes...

De intocht van de Canadese soldaten in Rotterdam was een beetje een teleurstelling. Ik had me voorgesteld dat de Canadese soldaten er als indianen uit zouden zien. Maar behalve dat ze een vreemde taal spraken, was er niets bijzonders aan ze.
Mijn teleurstelling verdween snel toen de soldaten vanuit hun tanks chocoladerepen naar ons gooiden. Wat was dat lekker, zoiets had ik mijn hele leven nog nooit geproefd.

Na de bevrijding

Toen de euforie van de bevrijding een beetje was gezakt, begon het gewone leven. Ik had het er moeilijk mee. Het lukte niet goed om me weer thuis te voelen bij mijn ouders. Door de jaren heen werden mijn herinneringen over de oorlog minder en soms dacht ik dat het allemaal fantasie was geweest. Alsof er nooit iets was gebeurd, leefden we verder. Nooit werd er over die tijd gesproken.

Na de bevrijding werden allerlei zogenaamd verdachte mensen opgepakt, waaronder ook mijn ouders. Na een half jaar werden ze vrijgelaten, het bleek een vergissing. Terwijl mijn ouders gevangen zaten en wij, de broers, alleen thuis waren, zei mijn broer Jacob op een dag: "Je gaat op reis, met een heleboel andere kinderen. Jullie gaan naar Denemarken, een land ver weg van Nederland". Het was een programma via de Deense organisatie 'Red Barnet' (red het kind) om Hollands Joodse kinderen die de oorlog hadden overleefd lichamelijk en geestelijk te laten aansterken.

Naar Denemarken, in de trein! Aan de ene kant vond ik het reuze spannend, aan de andere kant voelde het alsof ik weer werd weggestuurd. Maar ik moest, weer had ik geen keuze. Vrouwen met zwarte kleding, ik denk nonnen, begeleiden ons in de trein. Ondanks dat ze heel aardig waren, voelde ik me eenzaam. Onderweg stopte de trein een paar keer in Duitsland om de rails te repareren. Overal zagen we vernielde huizen. Ik vond het eng om door Duitsland te rijden.

Trein met Franse kinderen

Voor mij waren Duitsers mensen die hard schreeuwden en niet aardig waren. Onze begeleidsters vertelden dat Duitsland de oorlog had verloren. Ik wist niet precies wat ik er van moest denken. Mijn ouders hadden me verteld dat de Duitsers veel van onze familieleden hadden vermoord. Nu reed ik door het land van die Duitsers.

Toen we met de trein bij de Deense grens aankwamen moesten we de trein uit. We werden naar een grote ruimte gebracht. Jongens en meisjes gescheiden. Er werd gezegd dat we ons uit moesten kleden en een douche moesten nemen.
We schrokken allemaal. Iedereen had thuis gehoord over die enge douchecellen in Duitsland die geen douchecellen bleken te zijn, maar gaskamers. Sommige kinderen begonnen te gillen en te huilen. Niemand wilde zich douchen, iedereen was veel te bang. Uiteindelijk werden we door onze begeleidsters gekalmeerd en ze bleven bij ons tijdens het douchen. Jaren heeft het geduurd voordat ik rustig durfde te douchen.

Toen we uiteindelijk in Denemarken aankwamen stonden gastfamilies ons op te wachten. Ik werd meegenomen door een heel lief echtpaar. Ze waren al wat ouder. Ik kon ze alleen niet verstaan. Weer zonder mijn ouders en weer voelde ik me schuldig. Hadden ze me weer weggestuurd omdat ze me niet aardig vonden?

Die 'oom en tante' waren heel aardig voor mij, en hun kinderen ook. De jongste zoon was vijftien jaar ouder dan ik. De familie had een boekdrukkerij ergens in de stad. Vaak mocht ik daar spelen. Heel langzaam leerde ik zelfs wat Deens spreken van een lieve oudere tante, later bleek dat de oudste dochter van de familie te zijn. Zij leeft nog en is over de negentig jaar. Maar het was weer wennen. Zo was het de gewoonte bij de familie dat voor de maaltijd de vrouw des huizes en alle kinderen achter hun stoelen stonden, totdat vader ging zitten en *"Smaklig måltid!"*- "eet smakelijk" zei. Dan mochten we allemaal gaan zitten. Tante eerst, dan wij.
Na de maaltijd stonden we op en liepen we naar de stoel van tante en zeiden: *"Tak for mad!"*- "Bedankt voor het eten"!
Vervolgens ging oom met zijn sigaar en zijn glaasje aquavit, een soort jenever, naar de rookkamer waar hij de rest van de avond verbleef. Heel prettig was dat op straat mocht spelen. Ik maakte ook vriendjes. Iedereen wist dat ik het Joodse slechthorende jongetje uit Nederland was. Ondanks dat ik het naar mijn zin had en het eten lekker was kon het mijn heimwee naar huis niet wegnemen. Elf maanden was ik in Denemarken, zonder enig contact met mijn ouders. Toen ging ik weer naar huis.

Terug in Nederland viel ik in een soort van zwart gat. Ik had het gevoel dat mijn ouders me niet wilden. Dat was natuurlijk niet zo, maar ik was nu al twee keer weggestuurd. Ondanks dat ik pas twaalf jaar was, wilde ik niet meer thuis wonen. Ik wilde naar Israël. Op de Joodse jeugdvereniging *Haboniem*, waar ik lid van was, had ik over 'ons' land gehoord.

Ziek

Ter voorbereiding om naar Israël te gaan, was er vanuit de jeugdvereniging een voorbereidingsperiode. Dat werd *hachsjara* genoemd. Daar mocht je pas op je vijftiende aan deelnemen. Ik moest wachten, er zat niets anders op. Ondertussen ging ik die jaren naar school en handhaafde ik mij thuis zo goed en kwaad als het ging.

Op mijn vijftiende was het zover. Veel kan ik mij ook uit die tijd niet meer herinneren, maar mijn ouders stonden blijkbaar achter mijn keuze, want ze lieten mij het *hachsara*-jaar doen. Mijn vader wilde diep in zijn hart ook altijd naar Israël. In 1937 gingen goede vrienden van mijn ouders op alia en het was de bedoeling dat mijn ouders ook zouden gaan. Maar er gingen toen allerlei verhalen de ronde over Russische Communistische Joden die de baas waren in Palestina en mijn vader wilde daar niets van weten. Wat had hij een spijt toen hij veel later hoorde dat het niet zo was. Uiteindelijk zijn mijn ouders een jaar na mij op alia gekomen, samen met mijn jongste broer Joop.

Om te kijken of je geschikt was voor het voorbereidende jaar moest je getest worden op het bureau van *Aliyat Hano'ar* in Amsterdam. Daar kwam ik terecht bij de arts mevrouw E. Mendes da Costa-Vet. Wat ik me van haar herinner is dat ze haar sigaret aanstak met het peukje van haar vorige sigaret.
De dag na *Jom Kipoer* (Grote Verzoendag) 1950, brachten mijn ouders me naar het *hachsjara*-huis, op de Ridder van Catsweg in Gouda. Het voelde als een warm bad.

Joodse jeugdfarm in Gouda

Alle kinderen waren Joods. We konden samen praten over onze ervaringen tijdens de oorlog.
En we hadden allemaal hetzelfde doel: een nieuw leven in Israël. Samen leerden we over Israël en wat we daar nodig zouden hebben, zoals van alles over het werken op een boerderij.

Verhuizing van onze *hachsjara* van Gouda naar Bussum. Ik heb deze foto gemaakt. Onze *madriech*, Jehuda Amram Z"L staat links.

De voorkant van *Bajit* Bussum, Schweringlaan. Tijdens de oorlog zat de SS in dit huis, wat vreselijk voor ons was.

In juli 1953 begonnen de echte voorbereidingen. We moesten naar de dokter voor de nodige injecties, in die tijd was dat nog nodig, zoals een inenting tegen pokken. We kregen twee krasjes met een soort van kroontjespen en er werd spul op die krasjes gedaan. Omdat ik altijd het 'voorbeeld' wilde zijn, was ik als eerste bij de dokter. Een dag of wat na de inenting kreeg ik hoge koorts. En zelfs zo erg dat ik toestemming kreeg om een paar dagen naar huis te gaan. Toen ik met de trein op het Hofplein in Rotterdam aankwam, voelde het alsof ik flauw viel. Met een taxi reed ik naar mijn ouderlijk huis. Wat voelde ik me ziek. Mijn moeder stopte me direct in bed. Na ongeveer tien dagen werd ik wakker, maar niet thuis. Ik lag in het voormalige Joodse ziekenhuis in Rotterdam.

De werkgroep van de *hachsjara*, 1952. Allemaal werklustige jonge mensen. Linksonder, dat ben ik.

Het Joodse ziekenhuis *Megon Hatsedek* (verblijf der Weldadigheid) aan de Schietbaanlaan 42 in Rotterdam. Alleen de poort is nog overgebleven, met daarnaast een gedenksteen.

Het bleek dat ik hersenvliesontsteking van de grote en kleine hersenen opgelopen had door die pokkeninenting. Mijn benen waren verlamd. Ook mijn blaas werkte niet meer en ik had een voedingssonde.
Ik moest een paar maanden in het ziekenhuis blijven en uiteindelijk opnieuw leren lopen. Al met al duurde mijn herstel twee jaar.

17 jaar

Ik kwam bij een nieuwe *hachsjara*-groep, dit keer in 's-Gravenland. Daar was ook mijn toekomstige vrouw, Sonja. In die tijd hadden de jeugdorganisaties veel invloed op de leden. Zo werd me gezegd dat Sonja een prima match zou zijn. Zij zat steeds in een hoekje en ik, door mijn doofheid, ook. In maart 1955 vertrokken we naar Israël.

De dag dat ik op alia ging: 7 maart 1955. Ook Margot, de hond, was van de partij!

Jordaan-dal met kibboets Afikim.

Wat was ik blij en opgewonden.
Eerst kwam ik terecht in kibboets Afikim in het Jordaan-dal, en een paar maanden later naar kibboets Amiad.
Daar trouwde ik met Sonja. We kregen vier kinderen.

De eerste brief die ik van mijn ouders kreeg, 23 april 1955

Na vijftien jaar scheidden we. Twee jaar bleef ik vrijgezel en toen ontmoette ik Annie. Een weduwe met drie kinderen. Op 5 januari 1975 stonden we onder de *choepa*. Haar drie kinderen zijn door mij geadopteerd en dragen mijn achternaam. Samen kregen we nog twee kinderen, zodat we met elkaar negen kinderen hebben. Alle kinderen zijn nu getrouwd en een paar helaas ook al weer gescheiden. We hebben 27 kleinkinderen en 4 achterkleinkinderen.

Kibboets Amiad

De choepa van een van onze kinderen

Annie

Annie, geboren in 1941 in Argentinië, kwam op alia in 1963. Ze woonde tot ons trouwen in kibboets Harel, vlakbij Jerusalem. Toen kwam ze naar mijn kibboets, Neot-Mordechai in de Gulei-vlakte (in noord Galilee). Annie was lerares aan de lagere school en later, toen we in kibboets Hanita woonden, ook hoofdonderwijzeres van de gemeenschappelijke kibboets-school, die gevestigd is in kibboets Gesher Haziv, op de weg naar Nahariya.

En nu is Annie met pensioen, maar ze heeft nog allerlei werkzaamheden. Zo geeft ze les aan gepensioneerde mensen in een school van het regionale streekbestuur en lezingen over: 'De Joden in het middeleeuwse Spanje'. Ook geeft ze les aan leerlingen die bij ons thuis komen. Daarbij doet ze ook vaak vertalingen van Engels naar Hebreeuws en Spaans en omgekeerd.

Kibboets Hanita

Een etentje ter ere van onze trouwdag, 5 januari, 2014

Ouders

Elf jaar na mijn alia naar Israël volgden mijn ouders. Ze zijn gaan wonen in kibboets Naot Mordechai en hebben daar een prefab-huis uit Holland neergezet. In die jaren heeft mijn vader veel gedaan om het contact tussen ons te verbeteren. Ik ben ervan overtuigd dat mijn ouders het beste voor mij voor hadden. Maar de ervaringen die ik als kind had opgedaan, overheersten en onze verhouding is nooit makkelijk geweest. Mijn vader heeft me altijd gezegd dat niemand van de Abas-familie de Tweede Wereldoorlog heeft overleefd. Ik wilde dat niet geloven, maar durfde dat mijn vader nooit te zeggen. Pas toen mijn ouders overleden waren, ben ik op zoek gegaan. Ik kwam tot de eerste Patriarch Abas, geboren in Coimbra, Portugal in 1520. Met behulp van Annie, die haar masters thesis over onze Spaanse familie heeft gemaakt, kwam ik bij de allereerste Abas, Shlomo Abas uit Tudela, 1210 n. Chr.

Joodse wijk in Tudela, Spanje

Ook heb ik nog familieleden in Nederland gevonden. En zelfs een familielid in Israël. Ik kwam hem tegen op een bijeenkomst van oud-Nederlanders en dacht 'wat lijkt die man op mijn vader'. Het bleek dat de vader van zijn moeder een Abas was. Hij was de broer van mijn opa.

Mijn vader Z"L is overleden op 3 januari 1981 in Haifa, hij was 74 jaar.
Mijn moeder Z"L is overleden op 23 maart 1986 in Haifa, zij was 84 jaar.
Mijn oudste broer Jacob (85 jaar) woont in Toronto.
Mijn jongste broer Joop (73 jaar) woont met zijn vrouw Suzy in kibboets Misgav Am.

Israël

De herinneringen uit mijn jeugd werden in de loop van de jaren steeds vager. Ik wist ook niet meer wat wel en niet waar was. In 1998 werd ik gevraagd om de oude leeszaal van de kibboets met al zijn boeken te verplaatsen naar een nieuwer gebouw. Ik kreeg daarbij hulp van Mette, een vrijwilligster uit Denemarken. Ik vertelde haar dat ik vlak na de oorlog een jaar in Denemarken woonde, in Haderslev bij de familie Wind. Met een speciaal programma in het kader van een opvangprogramma voor kinderen die de oorlog hadden meegemaakt.

Haderslev, Denemarken

Mette keek me met grote ogen aan en ze vertelde dat haar grootmoeder daar woonde en voor een dergelijke organisatie werkte. De volgende dag vertelde Mette dat Elin, haar moeder, direct naar haar negentigjarige moeder was gegaan om te vragen of ze zich de familie Wind uit Haderslev kon herinneren. Maar haar moeder kon het zich niet herinneren. Dagenlang zocht Elin via de burgerlijke stand om de familie Wind te vinden. Uiteindelijk kwam ze bij de oudste dochter van het gezin terecht. Die dochter was inmiddels een oudere dame en ze kon zich nog goed dat Nederlandse slechthorende jongetje herinneren.

Ze vertelde dat ze destijds haar ouders had afgeraden om zo'n jong kind in huis te nemen. Maar haar ouders stonden er op om mee te doen aan het helpen van Joodse kinderen. De oudste dochter woonde in die tijd niet meer thuis, maar kwam heel vaak om met mij te spelen en me de Deense taal te leren. De ouders van Mette boekten een vakantie naar Israël. Om hun dochter te ontmoeten, maar vooral om met mij te praten. Onze ontmoeting was geweldig. Ze hadden foto's meegekregen van de 83-jarige Lisa, de oudste dochter van de familie Wind. Het tijdperk 'Denemarken' bleek te kloppen. Ik had het niet verzonnen.

Herinnering uit Denemarken

De Hollandse groep kinderen die in Haderslev woonde kwam zo af en toe bij elkaar in een schoolgebouw, en zo ook op die bewuste dag. De koning van Denemarken, Christiaan X, zou langskomen om de Hollandse kinderen te verwelkomen. Ik zie hem nog binnenkomen in de sportzaal, we stonden allemaal direct op (dit was ons van te voren gezegd, natuurlijk. Toen hij eenmaal zat en wij ook weer mochten zitten, vertelde hij dat de Denen tegen hem koning Christiaan zeiden, maar dat hij voor ons, de Hollandse kinderen, oom Christiaan was en geen koning! Hij nodigde een jongen en een meisje uit om op zijn schoot te komen zitten. En ja, ik was het jongetje! Op de schoot van een echte koning, wat was ik trots.

Koning Christiaan X van Denemarken

De zoektocht naar mijn onderduikfamilie

Mijn verlangen om te achterhalen waar ik ondergedoken was, werd steeds heviger, vooral door mijn therapie. Begin juli 2001 schreef ik het streekblad 'De Gelderlander' dat ik op zoek was naar mijn onderduikfamilie. De redactie liet me weten dat ze mijn oproep zouden plaatsen, samen met twee foto's, een van mij als kleine jongen en een van mij samen met Annie, mijn vrouw.

Al snel was er een eerste reactie. Ben Muller uit Aalten, zelf ook ondergedoken tijdens de oorlog, meende zich een Wimmetje uit Rotterdam te herinneren die ondergedoken zat bij een van de boeren uit de omgeving. Hij kon zich herinneren dat het jongetje slechthorend was. Maar het bleek dat het wel om 'Wimmetje' ging, maar een die goed kon horen.
Ik was teleurgesteld en bang dat het mij nooit zou lukken mijn onderduikouders te vinden. In mei 2002 vertelden we de schoonouders van onze zoon Uriel, Jaime en Olfa Banks, dat ik tevergeefs had geprobeerd mijn onderduikouders te vinden. Ze vonden het zo verdrietig dat ik ze nog niet had gevonden, dat ze Annie en mij een reis naar Nederland aanboden, zodat we ter plekke konden zoeken. Wat een cadeau. In augustus 2002 reisden we af naar Nederland.

Ik bracht de redactie van 'De Gelderlander' op de hoogte van onze komst. We logeerden in een hotel in Winterswijk. Waarom daar? Omdat Winterswijk maar door mijn hoofd ging. In het hotel wachtte Henk Harmsen, redacteur van 'De Gelderlander' ons op, samen met een fotograaf en een bos bloemen. Hij stelde me allerlei vragen over wat ik mij nog kon herinneren van die tijd. Dat was helaas niet veel.
Ook Ben Muller kwam een handje geven.

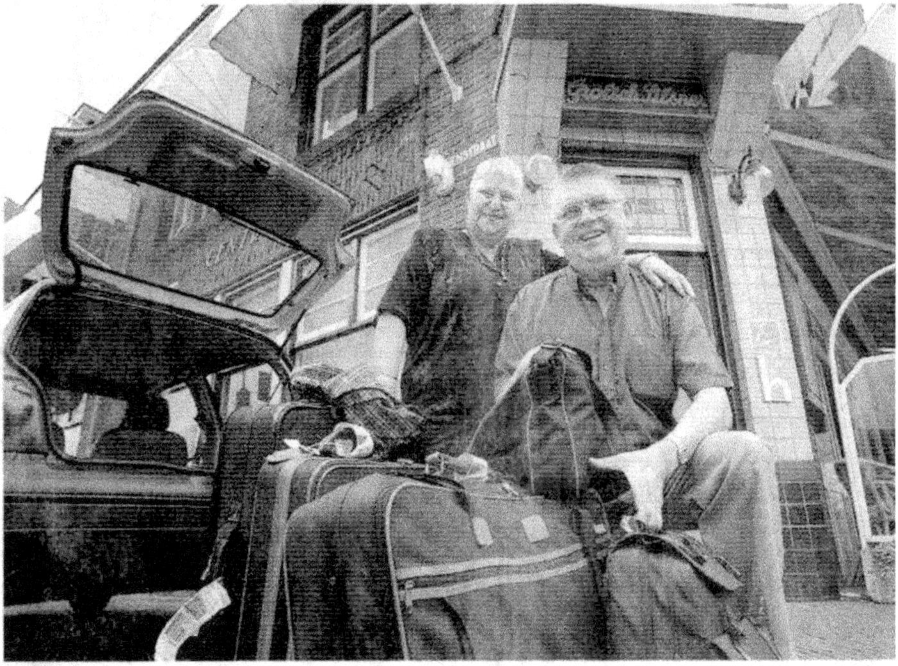

Wim en Annie Abas gistermiddag, bij aankomst bij hotel Centraal in Winterswijk.   Foto Hans Grot

De volgende dag waren we uitgenodigd door allerlei plaatselijke media, zoals radio, televisie en meerdere kranten. De ontmoetingsplaats was in het Aaltense museum. Nadat ik geïnterviewd was liep ik even door het museum.
Allerlei herinneringen kwamen terug. Ik zag een boerenwagen, een keuken-huiskamer en een bedstede in de muur.

Na het bezoek aan het museum reden we langs de boerderijen in de omgeving om te kijken of ik mij iets kon herinneren. Ik zag veel, maar niet iets dat ik mij echt kon herinneren.

Keuken-huiskamer met een bedstede

In die namiddag gingen we terug naar het hotel. 's Avonds zagen we onze rondreis op de televisie. De volgende dag verschenen er reportages over ons bezoek in verschillende streekkranten, en ook op de radio werd het uitgezonden... maar geen reacties!
In de namiddag bezochten we een nicht van me die in Lochem woont. Tijdens het avondeten ging mijn mobiele telefoon, het was Ben Muller! "Wim, morgenochtend om tien uur ben ik bij jullie. Ik heb een verrassing". Mijn hart bonsde als een locomotief!

De nacht ging heel langzaam voorbij en de volgende morgen waren we al om zes uur wakker. Het wachten tot tien uur duurde lang, maar toen was Ben daar. Uit zijn jaszak haalde hij een klein pakje met foto's. De eerste foto die ik zag was alsof ik in een spiegel keek, maar dan vele jaren terug. Ben had mijn onderduikfamilie gevonden, dat wil zeggen hun oudste dochter Hanna.
Ondanks dat ik nooit huil, liepen de tranen over mijn wangen. De spanning van al die weken, misschien wel van al die jaren, kwam er in een klap uit. En, dat was het allerbelangrijkste voor me, ik had het me niet verbeeld, het was echt gebeurd. Ik was ondergedoken geweest in de Achterhoek.

Hoe was Ben aan de foto's gekomen?
Hanna was met haar gezin op vakantie toen er op de televisie, de radio en in de kranten oproepen waren gedaan of iemand mij kende. Hun buurvrouw had het gehoord en dacht het verhaal te herkennen. Zij had contact opgenomen met Ben Muller. En ja, het klopte. Toen Hanna terug kwam van vakantie wist ze te vertellen dat 'Het dove jongetje Wimmetje' inderdaad ondergedoken was geweest bij haar ouders. Zij had het doosje met de foto's aan Ben gegeven. Ik was ontroerd en verbijsterd. Samen met Ben reden we naar Hanna. In zijn auto, want, zo zei hij: "Wim, jij bent veel te nerveus, je kan nu echt niet rijden".

Hanna, 13 jaar

We reden naar de Boomkampstraat 19 in Aalten, waar Hanna Lensink -Hoftijzer woont met Bernardt, haar man. Wat was ik nerveus. We waren de auto nog niet uitgestapt of ze deed de voordeur van haar huis open. Het was een emotioneel weerzien. Urenlang haalden we herinneringen op. Ook Geert, de zoon van Hanna, kwam langs met zijn vrouw. Toen ik hem zag, kreeg ik een schok, hij leek sprekend op zijn grootvader. De volgende dag bezochten we 'mijn' boederij, 't Heggeltje in Barlo, in de gemeente Aalten, waar de familie tijdens de oorlog woonde. De boerderij is verkocht nadat de ouders van Hanna Lensink-Hoftijzer gestorven waren. Maar de huidige bewoners heetten ons van harte welkom.

Ben Muller had alle media uitgenodigd mee te gaan. Samen met Hanna liep ik naar binnen. De boerderij is nu een villa. Maar we vonden nog herkenningspunten. Zoals de bedstede. De originele houten balken waren er ook nog, zodat we konden reconstrueren waar de koeienstal en de varkensstal toen waren. Buiten, voor het huis, zag ik twee hele grote eikenbomen die plotseling weer in mijn herinnering naar voren kwamen. Ik herkende nog meerdere andere dingen, zoals

die enorme hoge bomen achter het huis.
Het weerzien met Hanna en het horen van de verhalen van 'toen' zorgden er voor dat ik eindelijk, na al die jaren, zeker wist dat ik helemaal niets had verzonnen. Herboren keerde ik terug naar Israël.

Yad Vashem

Ik besloot een aanvraag te doen bij Yad Vashem om mijn onderduikfamilie postuum te laten onderscheiden. Het duurde ongeveer een jaar , maar toen kreeg ik het bericht, dat mijn onderduikfamilie postuum zou worden geëerd.

De oorkonde 'Rechtvaardigen onder de Volkeren' werd gegeven aan hun oudste dochter Hanna Lensink-Hoftijzer. De ceremonie vond plaats in de Christelijke Basisschool in Barlo op 25 maart 2004. Ik had Yad Vashem gevraagd om het op die school te doen, zodat de kinderen en leraren op deze manier iets over de oorlog konden leren. Zoals in Psalm 78:6 geschreven staat: "Opdat de volgende generatie het zal weten".

Het was een emotionele plechtigheid. Het programma werd geleid door Esther Bartelson van Yad Vashem en de Israëlische Ambassade. Van de Israëlische Ambassade hield Doron Kerbel een toespraak in het Engels.

Levie Kanes, ik en Doron Kerbel

EMBASSY OF ISRAEL שגרירות ישראל

*His Excellency mr. Eitan Margalit, Ambassador of Israël to the Netherlands
has the pleasure to invite*

Mr. and Mrs. W. Abas-Rendler

*to be present during the Yad Vashem Ceremony
which will be awarded to*

**mr. Jan Willem Hoftijzer and mrs. Berendina Johanna Hoftijzer
(both posthumously)**

*The Ceremony will take place in the
Christelijke Basisschool Barlo
Markerinkdijk 2A
Barlo - Aalten
The Netherlands
March 25, 2004 at 10.30 A.M.*

Please, bring this invitation with you

*Information and notice of absence: Esther Bartelson
tel. 00 31 6 53752775
e-mail: estherbartelson@planet.nl*

Buitenhof 47, 2513 AH The Hague
Tel. 070-376 05 00 — Fax 070-376 05 55
Email ambisra@xs4all.nl — Internet HTTP: //www.xs4all.nl/~ambisra

Yad Vashem onderscheiding

Rechtvaardige onder de Volkeren, (Hebreeuws: חסיד אומות העולם - Chassid Umot ha-Olam) is een uit de talmoed afkomstige eretitel die door Israël wordt gegeven aan niet-Joden die Joden destijds hebben geholpen. Bij de titel horen een medaille en een oorkonde met de vermelding van zijn of haar naam. Tussen 1953 en 2009 werden over de hele wereld meer dan 22.000 mensen uit 44 landen als 'Rechtvaardige' door Yad Vashem erkend, waaronder 5.269 Nederlanders en 1.635 Belgen. Na Polen is Nederland daarmee het land met de meeste onderscheidingen. Nederland laat desondanks ook het grootste sterftepercentage zien binnen de Joodse gemeenschap in West-Europa. Niet meer dan zesentwintig procent van de Nederlandse Joden overleefden de Holocaust. Ook na 2009 worden nog altijd mensen als 'Rechtvaardige' onderscheiden.

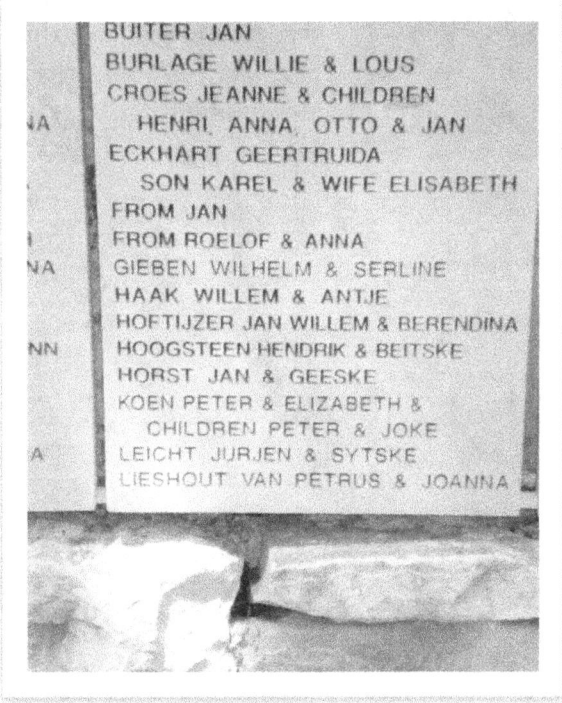

De namen op de gedenksteen bij Yad Vashem.

Mijn zusje Anja

Mijn zusje Anja was vijf jaar ouder dan ik. Anja was mijn 'tweede' moeder, ze was heel lief voor me en vertroetelde me erg. Maar dat is helaas het enige dat ik me van haar kan herinneren, want toen ze zeven jaar was, verdronk ze. Mijn ouders spraken nooit over haar. Het enige dat ik wist was dat mijn zusje op haar vijfde bij een tekenwedstrijd de eerste prijs had gewonnen, en dat zij toen het kinderboek 'Piat en Pioet' (uitgegeven in 1938) kreeg als prijs.

Toen ik in 1955 op alia ging, heb ik van mijn ouders het boek van zusje gekregen en dat boek heb ik nog steeds. Het is geschreven in de oud-Hollandse taal.

Het boek dat mijn zusje Anja won bij een tekenwedstrijd toen ze vijf jaar was.

In het strandbad verdronken.

Zevenjarig meisje kwam in diepe kuil terecht

Het krantenknipsel uit 1937

Met haar moeder en een broertje ging de 7-jarige A. Abas, die aan de Lange Warande 21 woonde, op Tweede Pinksterdag s´middags naar het strandbad aan de Kralingseplas. Terwijl de moeder zich daar een zitplaats koos, begaven de twee kinderen zich in het ondiepe water om wat te baden. Korte tijd later kwam het jongetje bij de moeder terug om wat lekkers te halen. Hem werd gevraagd ook zijn zusje te roepen, dan kon ze eveneens van haar moeder wat snoep krijgen. Het ventje kwam echter terug met de mededeling dat zijn zusje nergens was te vinden.
De moeder ging nu zelf zoeken, maar ook zij vond haar kind niet tussen de velen die zich in het strandbad bevonden. Er werd direct aan een ongeluk gedacht en de politie ving zo spoedig mogelijk aan met het verdwenen meisje te zoeken. Dit had echter min resultaat. De rivierpolitie verleende assistentie en urenlang dregde men in de omgeving van het strandbad, omdat de mogelijkheid bestond dat het kind in de diepe plas was geraakt.
Tot laat in de avond bleven alle pogingen vruchteloos en daarom ving men vanmorgen weer met dreggen aan. Er werd ook gedacht aan ontvoering van het kind en daarom nam de politie hedenochtend maatregelen om een zeer uitgebreid onderzoek te beginnen. Een groot aantal padvinders en de jonge werklozen, die bij de aanleg van de Kralingerhout werkzaam zijn, stelden zich

> beschikbaar om de omgeving van de Plas af te zoeken. Maar voor men van hun hulp gebruik behoefde te maken, werd het meisje in een diepe, met water gevulde kuil gevonden.
> Het kind was maandagmiddag bij het baden in het strandbad in deze kuil geraakt zonder dat iemand het ongeluk had opgemerkt. Zonder boven te komen was het kleintje verdronken. Het lijkje van het meisje is overgebracht naar het gebouw van de Rotterdamse Zeilvereniging aan de Kralingse Plaslaan. Na schouwing door een medicus zou het naar de ouderlijke woning worden vervoerd.

Jaren heb ik er onder geleden dat moeder niet in staat was om Anja te gaan zoeken, omdat ze mij niet alleen kon achterlaten. Ik was er van overtuigd dat Anja niet verongelukt zou zijn als ik er niet was geweest. Deze schuldgevoelens ben ik pas kwijtgeraakt na de vele gesprekken die ik had met Mirjam, mijn therapeute.

Nu weet ik dat ik er volkomen geen schuld aan had en dat het gebeurde omdat mijn zusje in een diepe put in het water viel, daardoor schrok en een hartaanval kreeg. Nadat het was gebeurd, vroeg ik vaak aan mijn ouders wat er met zusje was gebeurd, maar ik kreeg nooit antwoord. Mijn moeder huilde alleen maar. Om niet aan zusje meer herinnerd te worden, besloten mijn ouders te verhuizen naar de Rechter Rottekade in Rotterdam. Naar een huis waar geen kamertje was voor zusje. We hebben daar maar kort gewoond. Het huis keek uit op de Rotte. Ik had een speelgoed auto, waar ik in kon, met pedalen. Als ik daar op drukte dan ging de auto echt vooruit.

Wat ik precies gedacht heb weet ik niet, maar ik wilde blijkbaar zien wat er zou gebeuren als ik de wielen van die auto in de Rotte gooide. Op mijn buik lag ik langs het water met die banden te spelen toen moeder toevallig uit het raam van ons huis keek. Ze raakte compleet in paniek, want ze dacht: "Daar gaat mijn volgende kind". Binnen enkele seconden was ze bij me en pakte me beet en voor de eerste keer in mijn leven kreeg ik een vreselijk pak slaag. Ze wilde daarna niet langer meer aan het water wonen en we verhuisden naar de Rembrandtstraat 7a.

Het overlijden van zusje had nare gevolgen die ik eigenlijk pas begreep toen ik vele jaren ouder was. Tussen mijn ouders was altijd veel spanning. Mijn vader nam de dood van mijn zusje mijn moeder kwalijk, wat niet helemaal eerlijk was, want zusje was overleden door een hartaanval.

Naschrift Mirjam Kan

Niet iedere dag maak ik mee dat een overlevende van de Sjoa het op 65-jarige leeftijd aandurft om in therapie te gaan om zo zijn leven te begrijpen. De traumatische ervaringen van toen zijn vaak zo immens dat er altijd een kans is dat het te zwaar is. Je weet wel waar je begint, maar uiteindelijk weet je als therapeut nooit naar welke intense oorden het je cliënt kan voeren. Maar ook weten we dat mensen tientallen jaren na hun traumatische ervaringen soms beter in staat blijken te zijn om de innerlijke deur te openen en te proberen hun ervaringen alsnog te verwerken en onafgedane zaken te voltooien.

Zo iemand is Wim. Door het zoeken naar verificatie van herinneringen die zijn omgeving voortdurend aan de kant probeerde te zetten, het letterlijk op zoek gaan naar het verleden, kon Wim uiteindelijk tot rust komen. Daardoor kwam een enorme dosis innerlijke kracht vrij. De ervaring hielp zijn identiteit te vormen. Hij is het voorbeeld dat het daarvoor qua leeftijd nooit te laat is. Toen Wim voor het eerst bij kwam noemde hij zich Ze'ev, wat Wolf betekent in het Ivriet. Voor mij klopte dat niet. Voor mij stond een grote, forse man, die als een jongetje onhandig in zijn stoel zat te draaien. Ik was zijn tweede therapeut. Volgens Ze'ev had de eerste therapeut hem goed gedaan, maar van een doorbraak was geen sprake.

Ze'ev vertelde dat in die andere sessies vooral de problematiek via het 'hoofd' had benaderd. Dat was hij zijn leven lang gewend. Hij had al jarenlang last van hevige migraine. Nu had hij behoefte aan contact met zijn 'buik', met zijn levenslang weggedrukte gevoelswereld. Ze'ev had het moeilijk toen hij voor het eerst bij me kwam. Hij voelde zich geïsoleerd van zijn allernaasten. Niemand zag hem, niemand begreep hem en vooral: niemand hoorde hem.
Van kinds af aan was hij hardhorend en zelfs het gehoorapparaat hielp niet echt. Hij gaf toe dat hij zich ook nooit kon uiten. Hij was een

binnenvetter en het zat allemaal van binnen goed vast bij hem. Er klonk een stem in hem die hem telkens zei dat hij niet mocht genieten. Deze innerlijke stem ontnam hem zijn psychische bestaansrecht, dat wil zeggen: het recht op een eigen identiteit.

Parallel met het begin van de therapie uitte Ze'ev de wens om erkend te worden bij de Pensioen en Uitkeringsraad (WUV = Wet Uitkeringen Vervolgingsslachtoffers) als oorlogsslachtoffer. Hij leefde met een mengelmoes van enkele duidelijke, maar vooral ook vage herinneringen ten aanzien van de oorlog, allemaal angstige en pijnlijke herinneringen. Nooit mocht er worden gepraat over wat er gaande was, niet tijdens de Sjoa en niet daarna, de ouders legden hun drie kinderen hun eigen verdringing op en Wim moest verder leven in zijn innerlijke isolement.

In dezelfde tijd van zijn verzoek om erkenning bij de WUV verzocht hij mij en ook zijn allernaasten om hem voortaan (weer) Wim te noemen. Hij wilde er aan werken om de echte Wim te ontdekken die hij was kwijtgeraakt. In het begin van onze sessies durfde hij nauwelijks over zichzelf te praten. Mocht hij dat wel? Had hij daar het recht wel toe? Wie was hij? En vooral: wat had hij dan wel meegemaakt….

Ik luisterde en stimuleerde. Ik zei hem: "Laat je gevoelens stromen". Dit stelde hem in staat alle innerlijke poorten te openen. Ik nam hem aan de hand mee, dit keer was er een moederfiguur die luisterde en hem op kon vangen. Een wereld ging voor hem open. Ook de sociale rapporteur van de WUV luisterde heel aandachtig naar zijn ervaringen, zijn gevoelens en zijn psychische klachten. Wim werd voor het eerst in zijn leven gezien, gehoord en begrepen.

Hij bleek een meester te zijn in het uiten van zijn gevoelswereld. Alles was veilig verborgen al die jaren en had gewacht totdat iemand met de sleutel kwam om de deur te openen. Alle jaren had een vlies van onzekerheid hem omgeven. Nu kwam hij daar voorzichtig uit.

Als echtgenoot had hij altijd een secundaire plaats ingenomen. Hij cijferde zichzelf en zijn eigen behoeftes volkomen weg.
Als vader was hij nooit de geduldigste geweest. Hij kon soms hard uitvallen tegen zijn kinderen als ze even uit het gareel liepen, als ze iets deden wat hem irriteerde. Hij begreep nooit waar die uitbarstingen vandaan kwamen en nam het zichzelf ernstig kwalijk.

In zijn werk was hij een meester, want daar kon hij zijn ontwikkelde hoofd gebruiken. Maar in zijn relaties was er een groot, diep gat. Nu liet hij alles stromen en rollen en ontwikkelde zich al snel tot een mens met een eigen mening, met plaats voor eigen gedachtes en behoeftes. Zonder angst om zich open te stellen voor gevoelens. Hij mocht van zichzelf onzeker zijn en juist die toestemming leidde tot zekerheden.

Na korte tijd verdween de jarenlange migraine. Ook zorgde hij ineens voor een nieuw gehoorapparaat – kennelijk had hij besloten dat hij beter wilde horen! Ook begon hij anders in zijn relaties te staan. Voor het eerst kwam hij voor zichzelf op en tot zijn grote verbazing werd dit goed ontvangen. Hij voelde zich veel meer op zijn gemak met zijn kinderen, barstte niet meer uit en nam het initiatief tot warme en diepe gesprekken. Ineens werd hij vader en wat genoot hij daarvan. Toch ontbrak er nog een stukje van de puzzel.

De Uitkeringsraad wees zijn verzoek af, om redenen die niets te maken hadden met de psychische gevolgen van zijn oorlogservaringen. Wim kwam hiertegen in opstand; er klopte iets niet! Zo ontstond de behoefte om terug te gaan naar Aalten en Winterswijk en zijn onderduikadres te zoeken.

Wim moest en zou zijn identiteit volledig bevestigd krijgen. Het was van groot belang om de vage fantasie over het verleden om te zetten in realiteit. Vlak voor zijn reis naar Nederland vertelde Wim me een droom. Het was zijn eerste en eerste dromen zijn belangrijk in de therapie. Hij droomde dat hij samen met Annie, zijn vrouw, in Nederland was. Ze waren op weg naar een pretpark. Hij vertelde dat ze beiden fietsten, hoewel zijn vrouw helemaal niet kan fietsen, maar het vreemde was dat ze niet over de straat reden, maar op de stoep. Het was een prettige droom, vertelde Wim.

Mijn uitleg van de droom

Wim was al een eind op zoek naar zijn waarheid en het verheugde hem dat hij de mogelijkheid kreeg om een en ander van dichtbij uit te zoeken. Het fietsen verbond hem met de herinnering aan Nederland en aan zijn jeugd. Fietsen staat ook voor voortbewegen, onbevangen, niet geremd door obstakels.

Zijn vrouw was mee, zij zou hem naar Nederland begeleiden. Fietsen kon ze niet, maar naast hem zijn, op zijn zoektocht naar Nederland, dat kon ze wel. Ze gaf hem kracht. Het rijden op de stoep was nog een teken van onvolledige vrijheid. Je doet zoiets als je je je niet helemaal zeker voelt om op de straat te rijden, met het drukke verkeer om je heen. Nog steeds bestond er voor Wim angst. Het vooruitzicht en de angst voor alle emoties die mogelijk omhoog konden komen. De teleurstelling als hij niet zijn onderduikfamilie zou vinden. Dit alles symboliseerde het rijden op de stoep.

Mijn relatie met Wim was bijzonder. Er zijn contacten in het leven, intermenselijk en therapeutisch, waarbij het klikt, er is meteen een diep contact. Ik was de therapeut die het jongetje aan de hand nam en de wereld liet verkennen. Tegelijkertijd was ik ook de moeder, iemand bij wie hij letterlijk alles kwijt kon en bij wie hij geen enkel schaamtegevoel kende. Vanuit de therapiesituatie durfde Wim de wereld te verkennen en te bewandelen. Van overleven naar leven.

Wat was ik voor Wim? Therapeut, moeder, tweede generatie lotgenoot, gevoelsmens? En wat was Wim voor mij? Een man die zich niet supersterk voordoet, maar echt is en zich niet voor zijn gevoelens en meest intieme gedachtes schaamt. Hij was daarom voor mij heel goed bereikbaar. Ik had ook bewondering voor zijn moed om de pijnlijke en chronisch weggedrukte zaken aan te raken en te verwerken. Ook denk ik dat er sprake was van innerlijke gelijkgestemdheid en dat is iets wat woorden te boven gaat, alsof we qua uitgangspunt op elkaar leken, ondanks dat we in het leven heel andere dingen hebben meegemaakt.

Wim vond zijn onderduikadres na bijna zestig jaren terug. Ontroerd belde hij me vanuit Nederland. Voor hem was de cirkel rond. Hij vertelde hoe hij zichzelf voor het eerst echt bevestigd wist, als mens en als man. Het onhandig schuifelende jongetje was in het reine gekomen met zijn traumatische verleden. Het zoekproces naar zijn verleden zorgde voor de doorbraak: het omhoog halen, aanraken en doorwerken van de lang betwijfelde en weggedrukte ervaringen.

Wat heel bijzonder was dat Wim ineens kleuren zag, voorheen was het grijs en grauw van binnen. Zoals hij het zelf uitdrukte: "Nu weet ik dat ik ben die ik ben"!
Tegenwoordig fietst Wim met een goede bui over straat!

Mirjam Kan
Israël, 2008

Epiloog

Eigenlijk is dit geen epiloog, maar het begin van een nieuw verhaal. De enorme omwenteling die ik tijdens mijn zoektocht in Nederland onderging hielp me uit mijn 'grijze' periode te komen. Door de ontdekking van de waarheid zijn mijn twijfels verdwenen. In plaats daarvan heb ik rust in mijn leven gekregen. Ik ben nu in staat om de levenskleuren afzonderlijk te zien en ik heb de kracht om vooruit te kijken en niet meer achterom. Deze epiloog is de start van een nieuw hoofdstuk in mijn leven.

Wim Abas
Hanita, Israël, 2008

Tweede epiloog

En toen ontmoette ik de journalist Joanne Nihom. Ik vertelde haar over mijn verhaal. Zij stelde voor het te redigeren en er een echt boek van te maken. Een aantal maanden is zij daar mee bezig geweest. Zij kwam met allerlei vragen die niet duidelijk waren in mijn eigen verhaal. Ik moest weer gaan nadenken en soms was dat erg moeilijk. Maar het is gelukt en hier is mijn verhaal. Nu heb ik pas echt het gevoel dat ik dit hoofdstuk van mijn leven op een mooie en rustige manier kan afsluiten.

Wim Abas
Hanita, Israël, augustus 2014

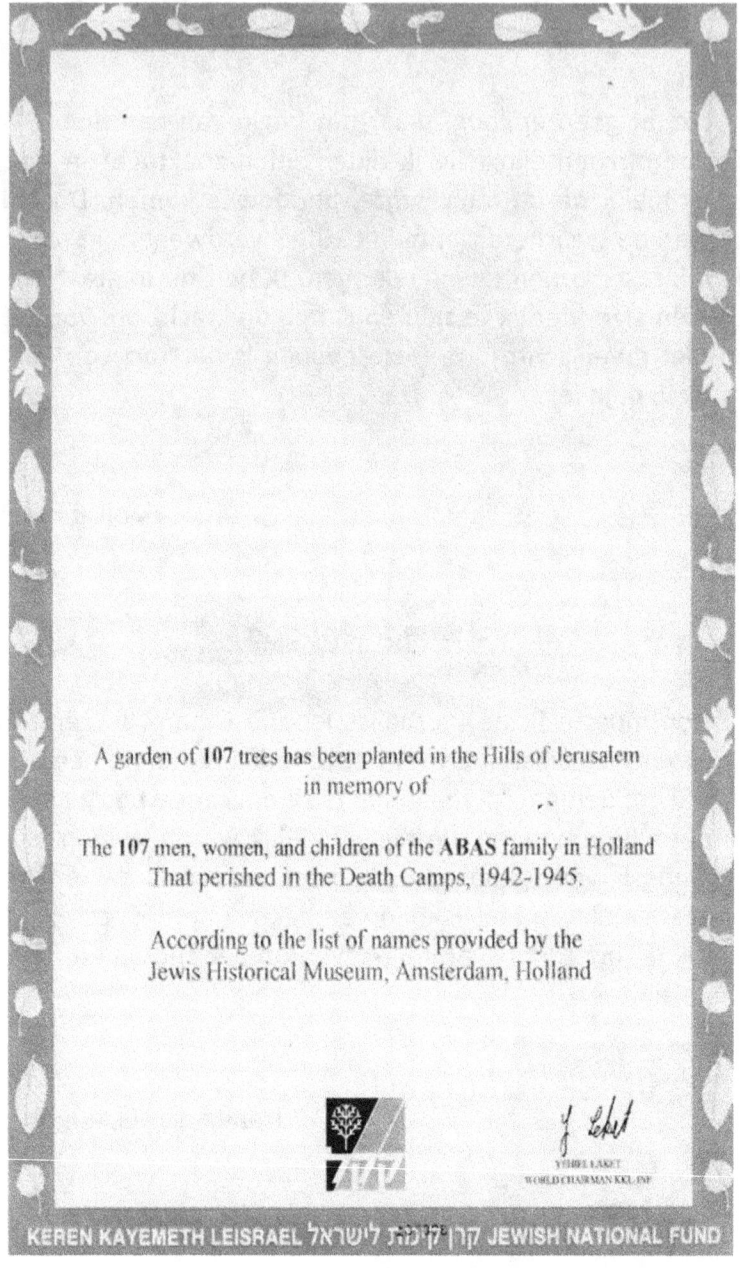

Bomen geplant door Nurit en Dan Abas.

Gebroeders Abas met oma

Opdat het verhaal van mijn familie nooit zal worden vergeten.

Elah is een professionele hulpverleningsorganisatie die mensen begeleidt bij hun persoonlijke ontwikkeling en ondersteunt bij hun sociale integratie.

De stichting is in 1979 opgericht door en voor uit Nederland afkomstigen en was de eerste organisatie in Israël die psychosociale hulp verleende aan Sjoa-overlevenden. In de loop der jaren heeft Elah veel ervaring opgedaan met hulpverlening aan deze doelgroep. De stichting erkent en behandelt ook problemen waarmee partners van overlevenden en volgende generaties te maken hebben.

In de loop van dertig jaar is Elah uitgegroeid tot een professionele, dynamische organisatie met afdelingen in het hele land, die haar expertise niet alleen aan Nederlanders maar ook aan andere bevolkingsgroepen beschikbaar stelt, ongeacht leeftijd, afkomst of godsdienst.

Elah's hulpverleners zijn gekwalificeerd op het terrein van psychotherapie, psychosociale ondersteuning en opbouwwerk, en worden bij hun werkzaamheden professioneel begeleid. Vrijwilligers doen, onder begeleiding van de professionele hulpverleners, een belangrijk deel van het ondersteunende werk.

Website: www.elah.org.il

www.ingramcontent.com/pod-product-compliance
Lightning Source LLC
LaVergne TN
LVHW020100090426
835510LV00040B/2758